우리를 향한 가장 높은 부르심
Our Highest Calling

스터디 가이드
Study Guide

제자도를 통해 예수님의
사랑으로 사람들을 환영하라

서상원 박사

© 2020 서상원

Prayer Tents Media 출판
Old Tappan, NJ

이 책의 판권은 저자와 출판사에게 있습니다. 출판사의 서면 허가 없이는 이 책의 어떤 부분도 중요한 보고서나 기사에 쓰이는 짧은 인용을 제외하고는, 사전 검토 없이 어떤 형태나 수단 (전자적, 기계적, 복사, 기록, 스캔 등)으로 복제하거나 검색 시스템에 저장하거나 전송할 수 없습니다.

ISBN 978-1-953167-00-2 (영어 양장본)
ISBN 978-1-953167-07-1 (영어 페이퍼백)
ISBN 978-1-953167-02-6 (영어 Kindle 전자책)
ISBN 978-1-953167-04-0 (영어 전자책)
ISBN 978-1-953167-03-3 (한국어 양장본)
ISBN 978-1-953167-08-8 (한국어 페이퍼백)
ISBN 978-1-953167-09-5 (한국어 전자책)
ISBN: 978-1-953167-20-0 (스페인어 양장본)
ISBN: 978-1-953167-21-7 (스페인어 전자책)

스터디 가이드:
ISBN 978-1-953167-18-7 (영어 스터디 가이드)
ISBN 978-1-953167-19-4 (한국어 스터디 가이드)

U.S. Library of Congress Control Number: 2020942011

Contents

시작하기 1

제 1 장. 지상 대명령 3
지상 대명령은 우리에게 전도하라고 말하고 있지 않다. 제자를 만들라고 말하고 있다 3
마태복음 28:19-20 에는 5 가지 핵심적인 명령 혹은 사명이 담겨있다 4

제 2 장. 좋은 소식을 설명하다 6
믿음은 하나님께서 온다 8
구원한 사람의 수를 집계해 이를 늘리고자 했던 과거 전략의 문제점 8
하나님과 관계를 가진다는 것의 의미를 사람들에게 가르치기 위해선 그들과 관계를 만들어 나가는 것이 필요하다. 8
상황화하며 사람들이 있는 곳으로 나아가라 9

제 3 장. 예수님과 그분의 제자들은 어떻게 제자를 만들었는가 10
예수님의 제자들은 하나님에 대해 관심이 생겼던 사람들이었다 10
예수님께서는 어떻게 사람들을 제자로 만드셨는가? 10

제 4 장. 복음, 전도, 그리고 선교의 역사 14
사도행전 2:42-47 의 요점 15
복음이 담고 있는 메시지에 대한 본래의 이해 16
가톨릭 교회의 발전 19
소일거리로 얻는 구원에 대해 항의를 던지다 – 종교 혁명 20
계몽기 (18 세기) 21
산업 혁명 (18-19 세기) 21
부를 가진 사람들이 이용하기 쉬운 교육과, 가진 사람과 가지지 못한 사람 간의 간극이 벌어짐 22
인터넷과 교육 접근성. 개인주의 (오늘날) 22
속회 – 제자도를 복원하기 위한 존 웨슬리의 시도 23

제 5 장. 전도를 위한 효과적인 전략 25
그리스도인은 어떻게 살아야 하며, 우리는 어떻게 지상 대명령을 수행할 수 있는가? 25
세상을 바꾼 소모임 속 열정적인 기도회 25
상황화 27

선교로써의 비즈니스 28
상황화의 신학 29
관심사를 기반으로 하는 소모임의 개발 30

제 6 장. 우리를 향한 가장 높은 부르심은 사랑이다 32
제 2 장 복습 – 복음의 목적은 하나님과의 관계를 복원하는 것이다 32
관계를 행하지 않는 현대의 소모임 33
함께 우러러 보기 위해 서로를 지지하는 진정한 소모임 34
소모임의 우선 순위는 삶을 나누는 것이다 34
우리를 향한 가장 높은 부르심 (베드로후서 1:5-9) 35
하나님은 사랑이시다 (요한 1 서 4:7-8) 40
사랑의 실제 (고린도전서 13) 41

제 7 장. 제자를 만들기 위해 먼저 제자가 되자 45
소모임에는 두가지 목적이 있다 45
소모임의 기본적인 구조 45
각 모임의 결과 46
소모임의 요소들 (Acts 2:42) 46
모임 장소 46
강한 소모임의 특징 46
소모임 만남에서 다룰 수 있는 내용 47
함께 먹으라! (먹는 사역) 47
능력 전도 47
소모임 만남의 적절한 길이 47
특별한 소모임 - 가족 48
참석해야 하는 소모임의 수 48
언제 소모임을 시작해야 하는가? 48
언제 해산해야 하는가? 48
언제, 그리고 어떻게 분할해야 하는가? 48
무엇이 소모임이 아닌가 48
어떻게 전도해야 하는가 49
소모임에서 목회자의 역할 49
모든 만남의 목표 49

시작하기

> ❝ 사랑은 언제나 우리의 가장 높은 부르심이었다. 이보다 덜 중요한 어떤 일로도 이를 대체하지 말자. (p. 121)

하나님께서는 우리에게 예배에 참석하고 도덕적인 삶을 사는 것보다 더 큰 부름을 주셨다. 그분께서는 우리에게 사랑이신 그분과 같이 되라는 부름을 주셨다. 교회는 우리가 일상 속에서 그분을 보이는 곳이 되어야 하지만, 그리스도인도 그리고 아직 믿음을 가지지 않은 사람도 교회를 생각할 때 사랑을 떠올리지 않는다.

예수님께서는 우리에게 하나님과 관계를 만들라고 말씀하셨다. 이 공부를 통해, 우리가 서로와 가지는 관계를 다른 시각으로 바라볼 수 있었으면 하는데, 왜냐하면 이 관계가 여러분과 하나님과의 관계와 닮아있을 가능성이 높기 때문이다.

이와 같이, 이 책을 여러분 스스로 연구하는 것이 도움이 될 수 있으며, 특히 여러분이 직접 스터디를 이끌고자 한다면 더욱더 그렇다. 하지만, 본인은 여러분에게 하나님과 관계를 성장시키고 싶어 하는 다른 믿는 사람들을 모아서 이 책에서 다루고 있는 내용을 살펴보길 바란다.

많은 관점에서 이 책은 여러분과 같은 그리스도인이 성경의 메시지를 수행하느냐에 달린 불완전한 결과물에 가깝다. 다른 사람을 사랑하는 것은 그 누구도 가르쳐 줄 수 없는 일이며, 오직 그분을 본받고 동경하는 것으로 가능하며, 특별히 성령님께서 여러분이 그렇게 할 수 있도록 해주셔야 가능하다. 이 책을 공부해나가면서, 성령님께 여러분이 생각하고 삶을 살아가는 방식을 이끌고 인도해달라고 부탁드리라. 기억하라, 하나님께서는 함께 기도하고자 하는 사람들의 소모임을 통해 많은 위대한 일을 이루셨다. 여러분의 스터디는 이 위대한 일이 시작되는 계기가 될 수 있다.

예수님이 주신 사랑을 담아,

서상원

실질적인 안내:

- 가능하다면, 이 공부 노트로 각 장을 다루기 전에 먼저 책을 읽어보라. 그리고 여러분의 모임이 함께 모였을 때, 여기에 담겨있는 짧은 인용문들을 보면서 각 장에서 다루고 있는 핵심적인 내용에 대한 기억을 되살려보라.

- 인생의 문제에 대해 서로와 이야기하는 데에 더 많은 시간을 보내라. 한 장 전체를 앉은 자리에서 한 번에 끝내지 못해도 괜찮다. 하지만, 더 깊이 나아가 서로 닮을 나누고, 토의의 결과를 통해 여러분이 어떻게 살아야 하는지 서로 전념하는 것이 필요하다.

- 하나님께서 여러분의 공부를 이끌어 주시리라고 믿음을 가지라. 이 책이나 공부는 여러분을 변화시킬 수 없다. 하나님께서 할 수 있으시다. 그분께서 말씀하실 수 있도록 하고, 공부를 해 나가면서 함께 기도할 수 있는 기회를 가져라.

- 그룹 토의와 이번 장 복습 시간을 통해 다른 사람들의 생각을 듣는 데에 더 많은 시간을 보내라.

- 서로와 함께하는 시간을 즐기라. 하나님과 여러분이 함께하는 시간을 즐기라.

제 1장. 지상 대명령

> **그룹 토의.**
>
> 당신은 어떻게 전도합니까? 혹은 당신이 전도에 대해 생각할 때, 어떤 행위들을 떠올리게 됩니까?

지상 대명령은 우리에게 전도하라고 말하고 있지 않다. 제자를 만들라고 말하고 있다

- **전도**: 그리스도를 알지 못하는 이웃들에게 복된 소식을 나누고, 복음의 의미를 알리는 것.
- **선교**: 그리스도의 지체가 없는 곳에 사람을 보내거나, 본인이 가서 예수님의 제자를 만드는 것.
- **제자도**: 다른 사람들과 시간을 보내거나, 혹은 함께 살아가는 삶의 방식을 살아 나가는 것.

이 세가지 행위는 각 지역과 전 세계에 있는 *모든 그리스도인*에게 내려진 사명이다. 목회자만 하는 일이 아니다.

지상 대명령은 "나가라" 혹은 "전도하라"고 말하고 있지 않다. 가라는 말은 무언가 새로운 일을 시작하라는 의미이지만, 예수님께서는 우리에게 *이와 같이 계속 살아가라*고 명하셨다. 또한 복음이 무엇인지 *그저 나누는 것*에 그치라고 말하고 있지 않다. 그분께서는 가서, 세례주고, 가르침으로 *제자를 만들라*고 하셨다.

전도에 대해 생각할 때 가르치는 행위를 떠올릴 수 있으며, 가르치는 것은 현대의 기술을 이용하면 온라인 상에서 충분히 가능하다. 하지만, 우리가 나가서 예수님을 믿지 않는 사람들 속에서 살아야하는 이유가 존재한다: 믿게 되는 일은 시간이 필요하며, 공동체에 속한 다른 사람들도 필요하다. *사람들이 시간이 지남에 따라 믿음을 가질 수 있는 그 공동체는 제자도를 통해 형성된다.*

제자도는 서로의 삶을 배우고, 그 사람과 같이 되는 것이 포함된다.

마태복음 28:19-20 에는 5 가지 핵심적인 명령 혹은 사명이 담겨있다

- 모든 믿는 *사람들*은 이 사명을 수행하기 위해 함께 *일해야 한다*
    - 이 부름은 목회자와 같은 개인에게 내려진 것이 아니라, 모든 믿는 사람들은 그리스도 안에서 함께 이 부름을 수행하기 위해 일해야 한다
- 하나님을 알지 못하는 자들을 찾아 나가라
    - 그리스도교 문화권에서 자라나지 않은 사람들이 시간이 지남에 따라 하나님을 알게 될 수 있는 공간을 형성하라
- 가면서, 세례주며, 가르침으로 제자를 만들라
    - 계속적인 (가면서 이어지는) 삶과 삶간의 관계이며, 세례를 주고 가르치는 일 또한 이 과정에 포함된다.
    - 세례는 믿음을 공개적으로 고백하는 행위이다.
    - 가르친다는 말의 의미는, 악기를 배우는 것과 같이 손수 지도하며 삶의 가치관을 나누는 것을 의미한다. 상호작용이 필요하다.
    - 제자도는 함께 삶과 삶을 포개어 살아가는 것, 즉 "오랜 시간 동안 가까이에서 함께 일하는"것과 관련된다.
    - 제자도는 환경이 필요하다: 1) 배움을 위한 편안한 환경을 제공하고, 2) 사람들이 자신이 누구인지 알 수 있게 하고, 3) 다른 믿는 사람들을 관찰할 수 있고, 4) 자유롭게 질문할 수 있는 환경이다.
- 우리의 믿음을 지키고 이를 전수해야 한다
    - Τηρέω (tireo) = 굳건하게 지키라. 하나님께서 우리에게 알려주신 것들을 보전하고, 이를 전수하라

- ○ 다른 사람들의 본이 될 수 있는 좋은 롤 모델이 되는 일에 적용시킬 수 있다 ➔ 제자도
- 하나님을 신뢰해야 한다
  - ○ Μετά (meta) = "~중에" 혹은 "와 함께"
  - ○ 하나님이 여기에 계심을 믿고, 하나님의 부름에 따라 위험을 무릅쓰라
  - ○ 예수님께서는 성령님을 보내셔 우리를 보호하시고 우리에게 힘을 주신다. 그분은 세상 끝날까지 항상 함께 하신다.

> ❝ *바쁜 사람들은 여유가 없고, 바쁜 사람들은 사랑을 행하지 못한다.* (p. 25)

이번 장 복습.
1. 제자도는 당신에게 어떤 의미를 가집니까? 여러분이 경험했던 제자도에 대해 나누어 보고 이번 장에서 배운 내용과 연관지어 보세요.
2. 예수님께서 명령하신 대로 제자를 만들기 위해서는 본인의 삶에 어떤 변화가 필요하다고 생각하십니까?

제 2 장. 좋은 소식을 설명하다

> ❝ 예수님께서 돌아가신 이유는 부서진 관계를 회복하는 것이었다. (p. 30)

많은 사람들은 복음을 부분적으로만 믿으며, 이로 인해 종교적인 차원에 갇혀있게 된다. 복음에 대한 잘못된 이해들에 대해 생각해보라.

잘못된 관점:

인간이 죄악되었기 때문에, 예수님께서는 우리의 죄를 사하기 위해 돌아가셨다. 우리는 우리의 죄를 회개하기만 하면 되며 이를 통해 우리는 용서받을 수 있다.

위 관점이 성격적이며 맞기야 하지만, 예수님께서 가져 오신 복된 소식의 부분적인 메세지 밖에 담겨있지 않다. 잘못된 목표를 강조하고 있다.

올바른 관점:

하나님께서는 우리와의 관계를 원하셨다. 관계를 회복하기 위해, 예수님께서는 완벽한 제물로써 돌아가셨다. 이제, 우리는 그분과 함께 걸을 수 있다.

이것이 복음의 온전한 내용이다. 이 관점은 창세기에서 다루는 천지창조의 이야기로부터 시작해, 죄의 문제를 해결하기 위해 돌아가신 예수님과, 성령님을 부여주셔서 우리과 그분과 함께 걷게 될 수 있게 되었다는 내용까지 이어진다.

복음은 *하나님과의 관계*에 대해 다룬다. 초점은 *죄의 용서*에 있는 것이 아니다. 복음의 목적을 잘못 이해해 발생하는 영향을 생각해보라:

관계에 초점을 두었을 때	죄의 용서에 초점을 두었을 때
하나님과 동행함으로 하나님께 계속 의존하고 그분과 계속 대화를 나눌 수 있다	계속적인 회개로 인해 하나님과의 진정한 대화가 감소되거나 없어짐
우리의 불완전함과 함께, 우리를 받아 주심도 인지한다	하나님으로 부터 숨고 싶어져 그분과 거리를 두게 됨
관계가 우선시된다. 달성하지 못하더라도 괜찮다	희생이 우선시되며, 더 나아지기 위해 항상 노력해야 한다
자녀됨 – 하나님의 자녀가 되는 일을 배우는 것	무관심, 실패, 죄책감, 그리고 부합되지 못한다는 감정을 느끼게 됨
하나님 아버지께서 돌파구와 필요를 제공해 주심을 믿음	충분히 회개하지 못했다는 감정과 걱정을 느끼게 됨. 행동으로 옮기는데 믿음이 부족하거나 없음
관계로 이어짐	종교로 이어짐 (많은 교회에서 그러하듯)

> **그룹 토의.**
> 1. 자신의 말로 복음을 설명해보세요.
> 2. 당신이 가지고 있는 복음에 대한 이해는 관계와 죄 중에서 어디에 초점을 두고 있다고 생각하십니까?

믿음은 하나님께서 온다

- 구원은 하나님이 주신 선물이다. 사람이 자신의 결정으로 만든 것이 아니다.

구원한 사람의 수를 집계해 이를 늘리고자 했던 과거 전략의 문제점

- 개인적인 간증과, 이를 통해 이어지는 세례 이외에는 누군가 믿음을 가지게 되었는지 알 수 있는 방법이 없다
- 특정한 기도문 (예를 들어 "죄인의 기도")를 읽게 한다고 누군가를 그리스도인으로 만들 수 없다. 이러한 방법은 그리스도인이 전도에 들이는 시간에 초점을 두지만, 하나님의 때는 우리가 관여할 수 있는 부분이 아니다. **믿음은 하나님께서 주신다.** 우리가 결정할 수 있는 것이 아니다.
    - 제단 부름, 참회자석, "죄인의 기도"는 사람들이 거짓된 믿음을 가지고, 명목상으로만 그리스도인이 되게 할 수 있다. 교회에서 직책을 가지고 있는 그리스도인이라도 구원에 이르지 못할 수 있다.
- 그리스도인들은 그저 하나님께 관심이 생긴 사람들을 환영할 수 있는 시간과 그들을 위해 사랑으로 가득찬 환경을 제공해 주고, 하나님께서 그분의 때에 일하실 수 있도록 맡겨야 한다.

하나님과 관계를 가진다는 것의 의미를 사람들에게 가르치기 위해선 그들과 관계를 만들어 나가는 것이 필요하다

- 현대의 문제점: 바쁜 그리스도인들.
- 가까이에서, 오랜 시간 동안 삶을 본받는 것이 필요하다.

상황화하며 사람들이 있는 곳으로 나아가라

- 사도 바울 - ...처럼 되었습니다(I lived like, have become, I too lived, When I am with), 그리고 ...에게는 (When I am with)... 바울은 사람들이 이해할 수 있는 방식으로 복음을 설명하기 위해 다른 사람들과 어울리기 위해 힘썼음을 볼 수 있다.
- 그리스도인들은 관심이 생긴 사람들과 자신의 삶을 나누는 법을 배워 그 사람들이 그리스도를 알게 될 수 있도록 해야 한다.

그룹 토의.
당신은 어떻게 관심이 생긴 사람들과 당신의 삶을 나눌 수 있습니까?

이번 장 복습.
1. 복음, 예수 그리스도의 좋은 소식이 당신의 일상에 어떤 영향을 미치고 잇습니까?
2. 당신과 예수님의 관계는 어떻습니까? 당신의 영혼은 어떠합니까?

제 3 장. 예수님과 그분의 제자들은 어떻게 제자를 만들었는가

예수님께서는 그분의 사역을 통해 어떻게 자자를 만드는지 보이셨다

예수님의 제자들은 하나님에 대해 관심이 생겼던 사람들이었다

- 마태복음 4:18-22 – 시몬 베드로, 안드레, 야고보, 그리고 요한은 예수님께서 그들을 부르셨을 때 그들이 하고 있던 일들을 내려 놓았다. 그들은 그 이상의 무언가를 찾고 있었다.
- 그 관심을 시작하는 것은 하나님이시다
- 오늘날의 많은 젊은이들 또한 같은 것을 찾고 있다

예수님의 제자들은 평범한 사람이었다. 대단한 사람들이 아니었다.

예수님의 제자들은 나중에 다른 제자들을 만들었으며, 오늘날 **교회**라고 불리우는 공동체를 형성했다.

예수님께서는 어떻게 사람들을 제자로 만드셨는가?

- 그들과 동행함으로
- 그들에게 보임으로
- 그들을 손수 가르침으로

예시:

- 예수님께서는 군중을 가르치는 예를 보이셨다. 제자들은 아마도 예수님과 함께 먹고, 질문을 하고, 그분의 가까이에 있음으로 통찰을 얻을 수 있었을 것이다.
- 예수님은 기적으로 가득한 삶의 예를 보이시며 이는 믿음을 통해 일어난다고 가르치셨다.
- 예수님은 하나님께 믿음을 두는 것의 대가에 대해 가르치셨다

- 예수님은 믿음을 보전해야 함을 가르치셨으며, 특히 하나님을 잘못 이해하거나 잘못 가르쳤던 지도자들을 유의해야 함을 가르치셨다
- 예수님은 군중의 요구가 아니라, 하나님께 중심을 둘 것을 가르치셨다
- 예수님은 이야기로 전달하라고 가르치셨다
- 예수님은 하나님께서 우리가 하는 일 보다는 우리의 마음에 관심을 두신다고 가르치셨다

그룹 토의.
1. 예수님의 제자도와 오늘날 교회 환경은 어떻게 다른지 설명해보세요.
2. 당신의 현재 상황에서, 제자도를 어떻게 보일 수 있습니까?

예수님의 제자들은 어떻게 제자도를 실천했는가

사도들은 하나님에 대한 믿음을 가지게 된 수 천명의 사람들을 제자 삼는 역할을 다했다.

- 사도행전 2:42-47 에서 보여지는 소모임의 급격한 성장이 사도들의 인도와 가르침의 결과임을 추측할 수 있다. 그들은 다음에 초점을 두었다 (42 절):
    o 하나님에 대해 배우는 것
    o 함께 삶을 나누는 것
    o 함께 먹는 것, 그리고
    o 기도하는 것

- 초대 **교회**가 소모임으로 구성되었던 이유들은 다음과 같다:

- - o 함께 삶을 나누고 (친교) 함께 먹었는데, *이는 군중 속에선 일어날 수 없다.*
    - o 다른 사람과 가진 것을 나누었는데, *이는 군중 속에선 일어날 수 없다.*
    - o 다른 사람의 필요를 알기 위해 서로 개인적인 대화를 주고 받았는데, *이는 군중 속에선 일어날 수 없다.*
    - o 성전 뜰에서 모임을 가졌던 것은 많은 소모임이 함께 가졌던 모임을 가리킨다. 45절에선 사람들이 그들의 집에서 만나 함께 먹었다고 말하고 있는데, *이는 군중 속에선 일어날 수 없다.*

- 제자도는 사람 대 사람, 삶과 삶의 연결이다. 하나님과 관계를 가지고 있는 그리스도인은 이를 하나님에 관심이 잇는 사람들과도 나눌 수 있다. 그러한 관계를 통해 다른 사람들은 하나님을 보고 경험할 수 있다.

- 현대 교회는 초대 교회가 가지고 있었던 기반을 가지고 있지 않다
    - o 사람들이 그들이 있는 곳에서 *살아가면서 개인적으로 성장할 수 있는* 공간이 필요하다.

그룹 토의.
1. 사람들이 그들이 있는 곳에서 살아가면서 개인적으로 성장할 수 있는 현존하는 모임에는 어떤 것이 있습니까?
2. 당신이 새로운 교회를 시작한다면, 사람들이 그들이 있는 곳에서 살아가면서 개인적으로 성장할 수 있는 그러한 기반들을 어떻게 적용시키겠습니까?

그리스도인은 구원자가 아니다!

- 구원을 가져오는 것은 하나님의 특권이다. 그분께서 믿음을 주신다.
- 믿는 사람들이 편한 장소와 편한 때에 전도하는 것은 믿음을 가져오지 않는다.
- 그리스도있들은 하나님께 관심이 생긴 사람들을 위해 기도할 수 있다.
    - 간청하고, 하나님의 뜻을 구하고, 하나님께서 우리를 통해 나누시는 말을 전달하라. 하나님께서는 아직-믿지-아니한-사람들을 위해 답변을 주시고, 가시적인 위안을 제공해 주실 수도 있다

그룹 토의.
당신이 하나님에 대해 관심이 생긴 사람들을 환영하고, 그들과 지속되는 관계를 형성할 수 있는 방법은 어떤것이 있습니까?

이번 장 복습.
1. 당신은 어떻게 제자도를 실천합니까?
2. 당신 주변의 사람들은 당신이 예수님의 제자인 것을 어떻게 알고 있습니까?

제 4 장. 복음, 전도, 그리고 선교의 역사

예수님의 제자들을 기억하라. 그들은 노를 저어 그들의 무거운 배를 해안에 댄 뒤, 그리스도를 따르기 위해 모든 것을 버렸다.

—Elfric of Eynsham

> 66 이 역사를 통해서 왜 오늘날 많은 사람들이 그리스도교를 소극적인 종교로 간주하게 된 과정과 예수님이 가르쳐 주신 복음으로 우리를 돌아가게 해 줄 개혁—제자도로 돌아가는 것—의 필요에 대해 보여 줄 것이다. *(p. 56)*

초대 교회는 소모임의 모임으로 구성되어졌다. 우리는 사도행전 2:42-47 을 통해 소모임들이 어떤 모습을 했는지 들여다 볼 수 있다:

42. 사람들은 사도들의 가르침을 받으며 서로 교제하고, 빵을 나누어 먹고 기도하는 일에 힘썼습니다. 43. 사도들을 통해 많은 기적과 표적이 나타났습니다. 그러자 모든 사람들에게 두려운 마음이 생겼습니다. 44. 믿는 사람들은 다 함께 모여 모든 물건을 공동으로 사용하며 살아갔습니다. 45. 그들은 재산과 모든 소유를 팔아서 필요한 사람들에게 나누어 주었습니다. 46. 그들은 날마다 한마음으로 성전 뜰에 모였습니다. 그리고 집집마다 돌아가며 함께 모여 기쁘고 순수한 마음으로 식사를 같이 하였습니다. 47. 그들은 하나님을 찬양하였으며, 모든 사람에게서 칭찬을 받았습니다. 주님께서는 구원 받는 사람을 날마다 늘어나게 하셨습니다.

사도행전 2:42-47 (쉬운성경)

사도행전 2:42-47 의 요점

- 함께 소모임으로 모이는 데에는 네가지 목적이 있었다 (42 절):
  - 제자들의 가르침 (함께 성경을 공부하며 배우고, 하나님이 그들에게 알기를 원하시는 것들을 알아보고, 지식을 쌓기 위함)
  - 친교 (관계를 맺고, 서로를 친밀하게 알게 되고, 서로를 사랑하기 위함)
  - 함께 먹음 (어느 누구도 다른 사람보다 먼저되지 않으며 서로가 같음을 인지하고, 그리스도안에서 하나임을 알기 위함 [성찬])
  - 기도 (개인적으로, 그리고 집단적으로 함께 하나님을 믿기 위해. 우리가 우선하는 것들을 내려놓고 하나님께서 인도하실 수 있도록 맡기기 위함)
- 한 장소에서 함께 만났으며/모였으며 그들은 하나되었다 (평범하고, 서로와 다르지 않았다) (44 절).
- (소모임에서만 가능한 일이었으며) 사람들은 그들의 재산과 소유물들을 팔아 필요한 사람들과 나누었다. (45 절)
  - 이는 다른 사람들보다 더 많은 것이 필요한 구성원이 있었던 소모임의 특징이었다. 누가는 이 특성이 중요한 경우를 제외하곤 이를 강조하지 않았다.
  - 사람들은 서로를 친밀하게 알았으며, 그 관계를 바탕으로 다른 사람에게 베풀었다.
    - 오늘날, 많은 교회의 구성원은 서로를 알지 못하지만, "그리스도인은 베풀어야 하기 때문에" 당연히 서로에게 돈을 빌려줘야 한다고 생각한다.
- 소모임은 성전 뜰에서 함께 하나님을 경배했다 (46 절)
  - 대 예배를 떠올려보라. 핵심적인 차이점은 다음과 같다: 수많은 낯선이들 대신, 서로를 친밀하게 알았던 사람들이 모였다. 그들은 예배 때 대화하고, 질문을 던지고, (그들의 소모임에서 서로와 그러 했듯) 그들의 온 마음과 사랑으로 경배하는 행위를 했을 것이다.
- 그들은 자신의 집에서 만나 함께 먹었다 (46 절).
- 사람들은 계속 이 만남에 나아왔다 (47 절).

삶을 나누는 이 방법들을 통해 새로운 제자들이 만들어졌다. 과거에는 지상 대명령을 이렇게 이해하고 있었다.

복음이 담고 있는 메시지에 대한 본래의 이해

- (2장에서 말했듯) 관계에 초점을 두라. 왜 그래야 하는가? 사람들은 서로와 가지고 있는 관계를 통해 하나님과의 관계를 연관 지을 수 있었다. (예를 들어, 사람들이 필요로 하는 사람들에게 나누어 주었을 때, 그들은 하나님께 드리는 것과 같다고 인지하고 있었다. 마태복음 25:40, 45)
- 어떻게 사람들은 하나님과 깊은 관계를 가질 수 있는가? 하나님을 믿는 것을 통해 가능하며, 이는 하나님의 은총으로 일어나는 일이다.
- 교회가 수적으로 그리고 마음적으로 성장할 수 있었던 이유는 하나님을 같이 찾아가는 동안, 서로와의 개인적이고 깊은 친교를 맺었기 때문이다.

기억하라. 예수님께서는 율법만을 강조하고, 마음에 초점을 두지 않은 바리새인들을 꾸짖으셨다. 이 율법들은 좋은 위치에 계속 남아있기 위한 개인주의적인 규칙들에 불과했다. 예수님께서는 관계, 혹은 마음에 초점을 두셨다. 소모임 또한 이를 알았다.

그룹 토의.
1. 현대 교회는 초대 교회의 모습을 잘 반영하고 있습니까? 이 질문을 통해 미칠 수 있는 영향과 어떻게 적용할 수 있는지 생각해보세요.
2. 당신이 생각하기에 오늘날 교회는 율법과 관계 중 어디에 초점을 두고 있다고 생각합니까? 당신의 관점을 설명해보세요.

325 AD 에 있었던 일 – 콘스탄티누스는 **교회**를 국영화하고 그리스도교를 국교로 삼았다. 한 국가가 하나님을 따르게 된다는 것은 좋은 일처럼 들릴 수 있지만, 이때문에 진정으로 믿지는 않지만, 정부에서 지시하는 대로 (법대로) 행동하는 "그리스도인들"이 생겨나게 되었다. 예수님께서 꾸짖었던 바리새인들과 같은 모습으로 돌아가게 되었다! 다른 영향으로는:

- 직책의 구분 (엘리트와 평범한 사람을 나눔)
- 간증이 없어짐
- 종교적인 행위는 마음이 아니라, **교회**에 의해 규정되게 됨
- 성령님께 덜 의존하게 되었으며, 가르침이 단일화 됨

예수님과 그분의 제자들이 세운 교회	325 AD 이후의 교회	오늘날의 교회
그 누구던 하나님께서 보이신 기적과 하나님께서 주신 것들에 대한 경험을 나눌 수 있다.	성직자로부터 "진실"을 들어야 한다.	?
그 누구던 자신의 삶과 경험을 나눌 수 있다. 하나님과 동행하는 사람이라면 다른 구성원들이 믿음의 길을 걸을 수 있도록 도울 수 있다.	교육을 받은 사람만이 바르게 사는 법에 대해 나눌 수 있다. 다른 사람들(평신도)는 듣고 따라야 한다.	?
직접 본을 보이고 실천하는 것으로 매일을 믿음으로 사는 것이 권장된다.	"그리스도인"은 지시 받은 일이라면 무엇이든 해야한다.	?
그리스도인들은 성령님께서 그들을 인도할 수 있도록 그분께 의존해야 한다. 동일한 소모임은 없었으며, 그들은 다양한 방법으로 삶을 나누었다.	하나님에 대한 지식은 가톨릭적 (단일화)이 되었으며, 성직자는 무엇을 어떻게 해야하는지를 명확하게 알았다.	?
사람들은 기적과 초자연적인 예비하심을 경험했다.	그리스도인들은 동일한 방식으로 하나님을 경험했다.	?

그룹 토의.
위의 표에서 물음표가 표시된 부분을 채워보세요. 당신의
대답은 어떤 의미를 가지고 있는지 나눠보세요.

몇몇 변형들

- 금욕주의: 국교가 경직되어 있음을 알았기 때문에 자기 자신을
  사회와 분리시켰다. 그들은 세상과 떨어진 삶을 살기 위해
  은둔자처럼 살았다.
    - 의도는 좋았을지도 모르지만, 예수님께서는 그분을 따르는
      사람들에게 세상에서 벗어나라고 말씀하시지 않았다.
      그리스도인들은 세상과 같지는 않지만, 살아가며 세상에
      영향을 주어야 한다.

가톨릭 교회의 발전

- 교황과 주교는 평신도들에게 어떻게 그들의 죄가 용서받을 수
  있는지에 대해 말할 수 있는 권한을 가지게 되었다. 만약 누군가
  그들의 지시를 따르지 않으면, 그 사람은 성찬식에 참여할 수
  없었다. 참회에 관한 율법이 만들어졌으며, 참회고행지침서가
  쓰여졌다. 그들의 죄를 사하기 위해 사람들은 교황과 주교가 내린
  특정한 지시를 따라야 했다.
    - 진실: 죄의 용서는 예수님께서 관장하신다. 우리는 우리의
      죄를 그분께 고백해야 하며, 예수님께서 십자가에서 하신
      일 덕분에, 우리는 용서를 받았다 (요한 1 서 1:9). 희생으로
      이어지는 율법 (무언가를 하는 것)과 마음의 변화
      (하나님만이 구원해 주실 수 있음을 알고, 하나님 앞에
      나아오는 것)의 차이는 이것이다.

- 참회의 개념은 계속 발전되어 일을 하는 것을 통해 용서받는 것으로 이어졌으며, 심지어는 부가 있다면 돈을 지불하는 것으로 사면을 받는 행위까지 이루어졌다.
    - 이미 저지른 죄 뿐만 아니라, 앞으로 지을 죄 까지 용서받을 수 있었다
    - 성경 밖의 개념이자, 천국으로 향하기 전에 사람들이 속세의 죄를 정화 받는 곳인 연옥의 개념이 자리잡았다. 면죄부는 이 정화를 받는 시간과 그 강도를 줄일 수 있었다. 더 높은 비용을 지불하면, 속세의 죄는 완전히 용서받을 수 있었다.
    - 십자군을 통해, 사람들은 전쟁에 참여하는 것으로 완전히 죄를 용서받을 수 있었다. 그들의 마음은 더 이상 문제되지 않았고, 하나님과의 관계란 없었으며, 그들은 그저 영생을 위해 몇 가지 일을 하기만 하면 됐다.
    - 교회가 돈이 필요할 때, 그들은 전문 설교가들 (면죄부를 파는 사람들)을 고용해 특정 프로젝트를 위한 수금을 진행했다. 프랑스에 있는 루앙 대성당은 "버터 타워"라고도 알려져 있는데 이는 면죄부를 판 자금으로 만들어진 성당이기 때문이다.

그룹 토의.
가톨릭 교회가 지배하던 시대에 살고 있던 사람들은 그들의 믿음이 잘못되었음을 알았습니까? 일반인, 정부, 그리고 **교회**지도부의 관점에서 이에 대해 생각해보세요.

소일거리로 얻는 구원에 대해 항의를 던지다 – 종교 혁명

- 마틴 루터라는 성직자는 믿음을 통해 구원을 얻을 수 있다는 성경의 가르침과는 다른, 소일거리로 구원을 얻는 관행에 동의하지 못했다.

계몽기 (18 세기)

- 과학의 도래로 인해 신학을 학문의 하나로 바라보게 되었다. 하나님에 대한 이해는 성직자를 위한 순수히 교육적이고 학문적인 일이 되었다. 마음이 아니라, 머리로 이해하는 것이 되었다.
- 하나님께서 행하시는 기적과 초자연적인 예비하심은 과학의 논리에는 맞지 않기 때문에 격하되었다.
- 예배는 하나님에 대한 것이 아니라, 우리의 지식을 채우기 위한 것이 되었다.

그룹 토의.
하나님에 대한 당신의 이해는 머리에서 나옵니까 아니면 마음에서 나옵니까? 당신의 문화권에서는 교육과 지식에 높은 가치를 둡니까? 이는 당신과 하나님의 관계에 어떤 영향을 미칩니까?

산업 혁명 (18-19 세기)

- 직업이 전문화되었다. 성직자의 역할은 더 이상 부름이 아니라, 변호사, 회계사, 혹은 엔지니어와 같은 직업의 하나로 여겨지게 되었다. 이전과는 달리, 교육받은 사람들은 한 가지 일만을 잘하는 사람이 되었다.

그룹 토의.
당신은 어떻게 전문화되었습니까? 이는 하나님께서 당신의 인생에 예비하신 목적을 수행하는 일을 제한하고 있습니까?

부를 가진 사람들이 이용하기 쉬운 교육과, 가진 사람과 가지지 못한 사람 간의 간극이 벌어짐

- 주일 학교는 심지어 **교회**에서도 부유한 사람과 일반인을 나누고 있음을 보여주는 예시이다. 주일 학교는 교육받은 개인이 교육받지 못한 사람을 가르치는 개념이다. 부를 가진 사람이 이 역할을 맡았으며, 모든 믿는 사람이 가르치는 것이 아니라, 소수가 가르치는 모습으로 다시 돌아가게 되었다.

인터넷과 교육 접근성. 개인주의 (오늘날)

- 개인주의는 하나님의 왕국을 우선하는 것이 아니라, 자기 자신의 진보를 위해 계속 노력해야 한다고 말한다. 성경은 이를 권장한 적이 없지만, 직업의 전문화로 인해, 오늘날엔 믿는 사람들 조차 그들은 자신들의 일을 열심히 하는 것으로 사명을 다할 수 있다고 믿으며, 목회자 또한 동일하게 그들의 "일"을 잘하면 된다고 생각한다.
- 특수한/전문적인 설교자는 인터넷에 널리 퍼져있다. 그들은 충분한 지식을 제공한다. 사람들은 여기에 이끌리며 그들의 지식을 채우는 것이 예배의 시간과 동일하다고 여긴다.
    o 대부분의 교파에서 설교, 축사, 세례, 만찬, 그리고 기적과 치유를 비는 기도는 안수받은 목회자에 의해서만 주어지며 관리된다는 사실을 아는가? 이는 문화적인 영향인가, 아니면 성경에 쓰여진 말씀을 따르는 것인가?
- 이는 더이상 모임, 관계, 그리고 서로를 향한 사랑 (그리고 하나님을 향함)을 위해서가 아니라, 스스로 더 나아지기 위해 지식을 쌓기 위함이 되었다.

우리가 지식의 필요를 강조한다는 사실은 우리가 문화에 따라가고 있음을 보여준다.
우리가 더 우선해야 할 것은 무엇인가?

그룹 토의.
오늘날 교회의 모습에 대한 이 묘사는 얼마나 정확하다고 생각하십니까? 오늘날 교회는 예수님과 그분의 제자들이 가르치고 행한 제자도와 어떤 차이점이 있습니까?

속회 – 제자도를 복원하기 위한 존 웨슬리의 시도

- 당신의 영혼은 어떠합니까? 하나님과의 관계는 오늘 어떠합니까?
- 이 질문은 그들이 어떻게 살아가는지에 대해 책임을 질 수 있도록 해주었다.
- 매주 만났으며, 참석은 필수적이었다. (사유가 있어 한두 번 빠지는 것은 허용되었으나, 이외에는 용납되지 않았다)

그룹 토의.
당신의 혹은 전형적인 그리스도인의 일상이 오늘날 그들의 신앙을 어떻게 반영하고 있습니까?

이번 장 복습

1. 당신이 현재 행하고 있는 예배와 제자도는 성경에서 말하고 있는 것과 일치합니까?
2. 당신이 생각하기에 하나님께서 당신에게 주신 가장 위대한 소명은 무엇입니까? 당신은 어떻게 이것이 순수하게 하나님으로 부터 온 것이며, 문화적인 규칙과 흐름에 의해 더럽혀지지 않았음을 확인할 수 있습니까?

제 5 장. 전도를 위한 효과적인 전략

그리스도인은 어떻게 살아야 하며, 우리는 어떻게 지상 대명령을 수행할 수 있는가?

- 모든 그리스도인은 선교사이며, 제자를 만드는 사명이 주어졌다 (마태복음 28:19-20)
- 제자를 만드는 것은 소수의 사람과 관계를 만드는 것을 통해 이뤄진다.
- 전도는 사랑의 공동체 안에서 일어나며, 이것이 제자를 만든다는 것의 의미이다.

> 오늘날 많은 교회에서는 더욱이나, 구성원들이 서로를 한주에 한번만 보는 것이 일반적이다. 여기엔 서로를 위한 책임(accountability)도 없고, 서로를 위해 하는 기도도 없으며, 결론적으로 성장 또한 없다. 개인주의가 권장되는 문화에서 이는 보편적인 일이다. (p. 77)

그러나, 개인주의라는 오늘날의 경향 때문에 우리는 고립되고, 진정한 우리 자신의 모습들을 숨기게 되었다. 이는 데이트와 인터뷰라는 문화적인 개념을 예로 이용해 설명할 수 있다.

세상을 바꾼 소모임 속 열정적인 기도회

- 종교 혁명 초기에 있었던 움직임들은 소모임의 중요성을 알았다. 특히, 하나님과 친밀감을 키워나가기 위해선, 성경을 공부하고, 함께 기도하고, 진정한 그리스도인의 삶을 살아가기 위한 헌신적인 소모임들이 필요했다.
- 1714 년에, 니콜라우스 폰 진젠도르프 백작은 14 세의 나이에 "겨자씨 모임"을 결성했다. 다섯 명의 다른

소년들과 함께, 그들은 예수 그리스도의 권능을 증언하기 위해 함께 기도하는 일에 헌신했다. 진젠도르프가 22세가 되었을 때, 모라비아인들이 그의 집에 찾아와 도움을 구했다. 32세에는 두 명의 첫 모라비아인 선교사들을 후원했으며, 이는 오늘날의 전세계적 선교 운동의 시초가 되었다.
  - 진젠도르프와 모라비아인은 소모임에 속하며 자주 만났으며, 이 안에서 영적인 규율을 지키고 서로를 북돋는 삶을 살았다.
- 윌리엄 캐리는 1800년도 즈음에 복음이 전파되지 않는 곳에 복음을 전파하는 선교 집단에 대한 책을 집필했다. 그의 저서는 많은 사람들이 참여한 현대 청교도 선교 운동을 이끌어 냈다. 그의 책과 그의 행동은 YWAM, CRU 등과 같은 여러 단체의 선교 운동이 시작된 선구적인 역할을 했다.

모달리티와 소달리티

- 모달리티(Modality) – 주류 교회 – 참가하는 제한을 최소화 하는 체계화된 친교
- 소달리티 (Sodality) – 선교 단체 – 헌신과 특정 조건을 요구하는 체계회된 친교
- 예를 들자면, 마을의 구성원이 되는 것(모달리티)과 마을에서 작은 사업을 운영 하는 것(소달리티)의 차이이다.

하지만, 소달리티와 모달리티 모두 똑같이 중요하다. 소달리티는 주류 교회보다 중요하지 않다는 의미의 파라처치(parachurch)가 아니다.

이 두가지 형태의 집단은 서로를 보완하며, 둘 다 필요하다.

소달리티는 특정한 사람들에게 다다르고자 하며, 사람 대 사람의 제자도로 이어진다.
이 때에 상황화가 힘을 발휘하게 된다.

상황화

모든 사람들이 여러분과 똑같은 방법으로 하나님을 경배해야만 하는가?

실패한 선교: 미국 (미국 원주민을 대상으로), 일본

성공한 선교: 한국

누가 상황화를 실천했는가? 예수님과 사도 바울이 그러했으며, 바리새인들은 이를 달갑게 여기지 않았다.

패트릭이 아일랜드에서 선교할 때 그러했으며, 교회 지도자들은 이를 달갑게 여기지 않았다.

그룹 토의.
1. 당신은 어떠합니까? 당신은 예수님과 바울과 같습니까? 아니면 바리새인과 같습니까?
2. 현대 교회는 어떤 태도를 취하고 있다고 생각합니까? 그렇게 생각하는 이유를 설명해 보세요.

선교로써의 비즈니스

- 이는 당신이 다른 곳으로 향하기 이전에, 당신이 현재 있는 곳에서 시작된다.
- 사도 바울은 자기 자신을 경제적으로 지원했으며, 시장 경제에서 활동하는 사명을 받은 사람들 또한 그와 같은 텐트메이커라 할 수 있다.
- 105 쪽과 106 쪽에서 다루고 있는 텐트메이킹의 장점과 문제점을 살펴보라.
    - 자급자족 하면서, 폐쇄된 곳이라도 진입해 복음을 나눌 수 있다는 것이 핵심적인 장점이다.
    - 초점이 분산되어 복음을 나누는 일을 방해할 수도 있다는 것이 핵심적인 단점이다

그룹 토의.
1. 텐트메이커가 되는 것의 장단점은 무엇입니까? 당신은 개인적으로 무엇을 선호하며 그 이유는 무엇입니까?
2. **교회**는 어떻게 텐트메이커를 지원할 수 있습니까? 시사점에 대해 논의해보세요.

상황화의 신학

- 그들의 삶의 방식에 들어 맞는 방식으로 하나님을 이해할 필요가 있다.
    - 예를 들어, 누군가의 머리에 물을 붓는 것이 불임의 저주를 의미하는 곳이라도 우리는 세례를 줄 때 머리에 물을 부어야 하는가?
    - 우리 모두는 기타와 밴드와 함께 크리스 탐린의 노래를 불러야 하는가?

> 오늘날 필요한 신학은 진정하게 성경적이고, 온전히 그리스도교적이며, 그리고 완전히 연관성 있는 것이다. (p. 108)

> 메세지는 사람들이 이해할 수 있어야 하며 그들과 연관 있어야 하며, 그들의 현재 문제들, 갈망들, 그리고 당대 문화의 정신에 대해 이야기해야 한다. (p. 109)

> 상황화는 특별히 훈련된 신학자들에 의해 행해지는 것이 아니며, 그렇다고 교회 지도부 혼자 하는 일이 아니다; 대신, 통일된 신학을 만드는 데에 모든 사람들이 포함되어야 한다. (p. 111)

> ❝ 올바른 신학은 이를 살아가는 것이며 우리 모습 그대로 공동체에 함께 모여 하나님께 우리의 삶을 드리는 것이다. (p. 113)

그룹 토의.
당신 또는 당신의 교회는 다른 사람들과 어떻게 상황화하고 있습니까? 이를 개선하기 위해 당신은 어떤 일을 할 수 있습니까?

관심사를 기반으로 하는 소모임의 개발

> ❝ 소모임은 스스로 통제되며, 개인적으로 그리스도와 가까이 성장하고자 하고, 그들의 삶을 함께 공유하고자 하는 셋 혹은 그 이상의 비슷한 그리스도인들이 서로와 가까이 있는 것이다. (p. 115)
>
> ❝ 소모임은 공동으로 위대한 일들을 하나님께 기대하고 하나님을 위해 시도할 수 있는 능력이 있다. (p. 117)

그룹 토의.
당신이 속한 지역 교회를 이끄는 역할을 맡은 사람으로써, 당신의 교회 구성원들이 당신이 속한 교회 밖에 있는 소모임에 참여하는 것에 대해 어느 정도로 수용할 수 있습니까? 당신은 이를 권장하겠습니까, 아니면 말리겠습니까? 그리고 당신은 이를 어떻게 지원하거나 말리겠습니까?

이번 장 복습
1. *모든 사람들에게 모든 방법을 다하여 그들을 그리스도를 위해 얻는 일을* 어떻게 하고 있습니까?
2. 패트릭은 아일랜드의 문화와 언어를 알았기 때문에 그들에게 효과적인 선교사였습니다. 하나님이 당신에게 주신 상황을 바탕으로 생각해 보았을 때 당신은 누구에게 효과적으로 선교할 수 있습니까?
3. 그분의 위대한 부르심을 수행하기 위해서 하나님께서 당신의 인생에 예비하심을 어떻게 믿습니까?

제 6 장. 우리를 향한 가장 높은 부르심은 사랑이다

하나님께서는 우리에게 관계를 맺으라 하셨지만, 교회는 관계로 알려져 있지 않다.

제 2 장 복습 – 복음의 목적은 하나님과의 관계를 복원하는 것이다

- 관계는 하나님께서 아담과 하와를 창조하신 이유이다
- 관계는 하나님께서 인간의 몸으로 이 땅에 오셔 우리의 죄를 위해 돌아가신 이유이다
- 관계는 그분께서 그분의 영을 보내 우리 안에 거하게 하신 이유이다

하지만, **교회**는 관계로 알려져 있지 않다. 대신, 교회 환경에서 성장하지 않은 사람들에게는 사람들이 성난 하나님을 기쁘게 하기 위한 의식을 치루는 곳으로 받아들여진다.

관계는 지금 세대가 이해하기 어려운 개념이며, 이 이유 때문에 사람들은 교회를 관계 보다는 활동에 연관 짓는다. 다음을 생각해보라:

- 젊은 세대 (Z 세대)는 관계가 어떻게 작동하는지 알지 못하게 하는 여러 유혹들에 영향을 받고 있다
- 밀레니얼/X 세대/Y 세대는 주로 바쁘며 페이스북 보여주기 식의 온라인/소셜 라이프스타일에 익숙해, 좋은 소식만 남에게 보여주고 부정적인 모습은 속으로만 가지고 있다. 그 결과, 관계는 얕거나 아예 존재하지 않으며, 그들이 본받을 수 있는 강한 관계의 수 또한 적다.
    - 바쁜 부모들은 자녀들이 관계는 별로 의미 없는 것이라고 생각하게 만든다
    - 높은 이혼율(약 50%) 또한 아이들이 관계는 별로 의미 없는 것이라고 생각하게 만든다

그러나, 사람들이 관계가 어떤 것인지에 대한 틀조차 없을 때엔, 하나님과 관계를 맺는 것은 일어날 수 없다. 우리는 다른 사람들을 사랑하지 못하면서 하나님을 사랑할 수 없다.

사랑하는 친구들이여, 우리는 서로서로 사랑해야 합니다. 왜냐하면 사랑은 하나님께로부터 오기 때문입니다. 사랑하는 사람은 하나님의 자녀가 된 것이며, 또한 하나님을 안다고 할 수 있습니다. 하나님은 사랑이시기에, 사랑할 줄 모르는 사람은 하나님을 알지 못하는 자입니다.

요한1서 4:7-8 *(쉬운성경)*

관계를 행하지 않는 현대의 소모임

- 주로 관계를 만들기 위한 목적이 아니라 다른 이유 때문에 모인다. 주로 예배 (다른 사람과의 상호작용 없이) 혹은 성경 공부 (지식을 늘리기 위한, 한 사람 혹은 소수가 가르치는)를 중심으로 이뤄진다.
- 사람들은 다른 사람들의 인생에 어떤 일이 일어나고 있는지 알지 못한다. 표면적인 수준의 관계를 가지고 있다.
- 그 결과, 그들은 얕은 수준의 기도 부탁만 하며 하나님이 개입하시는 일을 보는 것은 드물다

> 66 *"이것이 왜 오늘날 **교회가** 힘이 부족하며, 사랑, 화합, 관계, 혹은 공동체로 알려지지 않은 이유이다"* (p. 115)

제 6 장. 우리를 향한 가장 높은 부르심은 사랑이다

함께 우러러 보기 위해 서로를 지지하는 진정한 소모임

> ❝ "진정한 소모임은 서로와 관계 속에 있는 사람들의 모임이며, 함께 하나님과의 관계 속에 남아있기 위해 서로를 지지하는 것이다." (p. 124)

- 서로와의 관계를 통해, 그들은 하나님과의 관계를 보고 이를 가치 있게 여길 수 있다
- 그들은 아무런 새로운 이야기할 거리가 없더라도 모인다
- 그들은 소모임 밖에서도 점심을 같이 먹기 위해, 혹은 그저 근황을 알기 위해 별도로 대화를 계속해 나간다

소모임의 우선 순위는 삶을 나누는 것이다

안타깝게도, 누군가 하나님께서 그들의 인생의 문제들을 도와줄 수 있을지 그분께 관심을 가지기 시작할 때, 그리스도인들은 주로 여유가 없다.

> ❝ 교회 경험이 없는 사람들은 이런 일방적인 대화들을 통해 관계, 사랑, 그리고/ 혹은 그들이 경험하고 있는 의문들에 대한 답변을 얻을 수 없다. (p. 128)

그룹 토의.
1. 당신은 **교회**가 깊은 관계를 위한 장소라고 생각합니까? 예수님을 알지 못하는 다른 사람들도 **교회**를 관계를 위한 장소라고 인식하겠습니까? 왜 그런지, 혹은 왜 그렇지 않은지 이유를 설명해 보세요. 우리는 어떻게 이를 개선시킬 수 있습니까?
2. 어떻게 하면 소모임은 깊고 의미 있는 기도를 가지고, 개인들이 가장 중요하게 여기고 그들에게 가장 영향을 끼치는 주제들에 대해 대화를 나눌 수 있습니까?
3. 진정한 소모임은 어떤 모습을 하는지 연상할 수 있습니까? 함께 "제자도"를 해나간 예수님과 그분의 제자들에 대해 생각해보세요. 이는 오늘날 우리의 소모임 만남에서 보여지는 모습과 동일합니까?
4. 누군가 하나님에 대해 알고자 관심을 가질 때, 당신의 소모임은 어떻게 그들을 위해 여유를 마련할 수 있습니까?

우리를 향한 가장 높은 부르심 (베드로후서 1:5-9)

> 66 *이 분주함이라는 우상이 사람들이 서로를 위해 여유를 마련하는 일, 혹은 하나님을 위해 여유를 마련하는 일을 막고 있다.* (p.130)

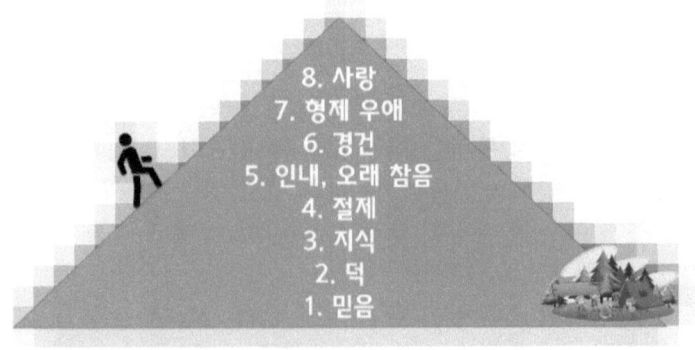

믿음 → 덕 → 지식 → 절제 →
인내, 오래 참음 → 경건 → 형제 우애 → 사랑

1. 믿음
시작점이며 기반이 되지만, 목표는 흔들리지 않는/굳건한 믿음이 되어야 한다

그리스도인이 이 단계를 넘어서 성장해야 하는 이유:

- 쉽게 엉뚱한 곳에 이용될 수 있다 – "우주"가 그들을 위해 무언가 해줄 것이다
- 사탄 또한 하나님의 존재를 믿는다
- 믿음은 변덕스럽다 – 예시. 예수님의 입성을 환영했지만, "십자가에 못박아라"고 외친 군중, 예수님을 부정한 베드로, 예수님께서 군중에게 무엇을 해야하는지 말씀하시자 예수님을 떠난 그들

2. 덕
그리스도인은 그들이 사는 방식을 통해 하나님을 드러낸다. 그들은 성스러워 지기를, 혹은 세상과 다른 모습을 보이기를 명 받았다.

그리스도인이 이 단계를 넘어서 성장해야 하는 이유:

- 착한 삶을 사는 것으로 그리스도인이 되지는 않는다.
- 성경은 우리가 완벽한 삶을 살려고 시도할수록 우리의 부족함만 드러낸다고 분명히 말하고 있다 (로마서 3:19-25)

3. 지식

우리는 성경을 공부하고 이를 이해함에 따라 하나님을 더욱 알게 된다. 그리스도인들은 하나님과 그들이 하는 일을 믿어야 하는 이유를 믿어야 하는 이유를 알아야 한다.

그리스도인이 이 단계를 넘어서 성장해야 하는 이유:

- 사랑이 없는 지식 그 자체만으론, 교만으로 밖에 이어지지 않는다 (고린도전서 8:1)
- 지식은 머리를 위한 것이지만, 하나님께서는 우리의 마음을 통해 부르신다

4. 절제

그리스도인은 바빠지거나 정신 없을 때에도 기도하기 위해 절제가 필요하다. 그리스도인은 곤경에 처했을 때에도 노래하며 하나님을 경배하기 위해 절제가 필요하다. 절제는 그리스도인들이 힘든 때에도 믿음을 이어나갈 수 있게 해주며, 다른 이들이 변심할 때에도 덕을 지키는 삶을 살 수 있게 하며, 그들 주변에 여러 유혹이 있더라도 계속 성경을 공부하고 명상할 수 있게 해준다.

그리스도인이 이 단계를 넘어서 성장해야 하는 이유:

- 절제의 목적은 자기 자신이 아니라, 다른 이들을 사랑하기 위해서야 한다 (고린도전서 9:19-27)
- 누군가는 절제를 유지하는 것으로 믿음, 덕, 그리고 지식이 있는 삶을 산다고 믿게 될 수 있다. 머리 혹은 자제력이 아니라, 마음을 성장시켜야 한다.

5. **인내**
오랜 시간 동안 다른 이들의 짐을 지고 견디는 것이다. 사랑은 한 순간에 일어나는 것이 아니다.

그리스도인이 이 단계를 넘어서 성장해야 하는 이유:

- 인내는 성스러움과 사랑이 오래 지속될 수 있도록 이 두가지 덕목과 함께 해야 한다.

6. **성스러움**
그리스도인은 성스럽고 남다른 삶을 살아야 한다

그리스도인이 이 단계를 넘어서 성장해야 하는 이유:

- 종교적인 차원, 또는 머리로만 믿는 수준에 남게 될 수 있다. 마음에서 우러나오는 것이 아니라, 보여주기식이 될 수 있다. 하나님과 다른 사람들을 향한 사랑이 성스러운 행위를 이끌어 내야 한다.

7. **형제 우애**
그리스도인은 함께 성장한 형제들 간에서 찾을 수 있는 사랑의 마음을 가져야 하며, 이는 깊은 친교이다.

그리스도인이 이 단계를 넘어서 성장해야 하는 이유:

- 이는 조건적이거나 상황에 따라 달라지는 불완전한 사랑이 될 수 있다

8. **아가페, 무조건적인 사랑**
- 그리스도인은 하나님이 우리를 사랑하시듯 무조건적으로 사랑해야 하지만, 인간의 한계와 마음의 흔들림으로 인해 이는 가능하지 않다

- 우리가 하나님과 다른 이들을 완벽하게 사랑할 수 있도록 하는 일은 오직 하나님께서만 하실 수 있다. 그분의 마음과 계획과 우리의 마음이 일치될 수 있도록 하기 위해선 하나님께서 우리의 마음을 변화시켜 주셔야 한다.

그리스도인이라 불리우는 많은 사람들이 더 높은 수준으로 성장하려고 열망하지 않고 낮은 수준에 머물며, 하나님께서 그들을 심문하실 때 변론할 수 있는 위치에 있다고 생각한다. 성장을 향한 이 길은 좁은 길이다 (마태복음 7:14).

안주한 사람의 예로 아브라함의 아버지, 테라가 있다. 그는 가나안으로 향하는 길에 안주하고 말았다. 테라가 그의 소명을 다하지 못했을 때. 하나님께서는 그의 소명을 다른 사람에게, 즉 테라의 아들 아브람에게 주셨다. (창세기 11-12).

그룹 토의.
1. 당신은 이 낮은 수준중 어딘가에 안주하고 있습니까? 그 수준이 당신에게 의미하는 바와 여기에 안주하기 쉬운 이유에 대해 토의해 보세요. 또한 가장 높은 부르심을 향한 여정이 얼마나 쉽거나, 어려울 수 있는지 토의해 보세요.
2. 당신이 출석하는 교회에서, 그들은 낮은 수준에 안주하고 있습니까? 만일 당신이 당신의 교회에서 핵심적인 의사결정권자라면, 교회의 모든 회중이 가장 높은 부르심을 추구하도록 어떤 변화를 가져오겠습니까?
3. 당신의 마음 속에서 사랑은 당신의 가장 높은 부르심입니까? 무엇이 당신이 이를 못하게 방해하고 있습니까? 어떻게 하면 당신은 가장 높은 부르심을 좇고 세상과 다른 삶을 살 수 있습니까?

하나님은 사랑이시다 (요한 1 서 4:7-8)

> " *우리를 그분의 자녀라 부르시는 분은 사랑 그 본인이시다. 우리가 하나님의 자녀들이라 불리우는 이유는 그분의 사랑이 우리 안에 있기 때문이다. 우리의 가장 위대한 부름은 사랑이며, 사랑하지 않는 사람들은 하나님을 모르는 자들이다*" (p. 138, 제 6 장)

- 마태복음 7:21-23 – "나는 너희를 모른다" – 아버지의 의지를 따르지 않은 이들에게 하신 말씀
- 최대 계명 (마태복음 22:37-40) – 하나님과 다른 사람을 사랑하라

- 요한복음 13:35 – 사람들은 우리가 예수님을 따르는 자임을 우리의 사랑을 통해 안다
- 요한 1 서 4:7-8 의 요점
    - 그리스도인 간의 사랑은 바깥 세상에도 보여 진다. 우리 서로를 사랑하지 못하면서, 우리가 어떻게 우리와 처음 함께하는 이들을 환영할 수 있겠는가?
    - 관계란 어떤 것인가 경험하기 위해 우리에겐 서로가 주어졌다. 이 관계를 통해 하나님을 볼 수 있다. 이 때문에 예수님께서는 하나님께 나아오기 전에 화해하라고 가르치셨다. (마태복음 5:23-24).

그룹 토의.
1. "나는 너희를 모른다" (마태복음 7:23 을 보라)는 메세지를 그리스도인은 주로 자신들을 향한 말이 아니라 생각합니다. 어떤 상황에 이 메세지는 당신을 향해 전달될 수 있습니까? "내 아버지의 뜻대로 행하는" (21 절) 사람이 되고, "악한 일을 행하는" (23 절) 사람이 되지 않기 위해선 어떤 변화를 보여야 합니까?
2. 당신이 생각하기에 그리스도인들간에는 사랑이 있다고 생각합니까? 왜 그렇다고, 혹은 그렇지 않다고 생각합니까? 당신의 교회에 처음 방문한 사람도 같은 말을 하겠습니까? 그렇지 못하다면 당신은 무엇을 바꾸겠습니까?
3. 건강한 관계는 어떤 모습을 합니까? 당신과 다른 사람과의 관계는 이와 같습니까? 당신과 하나님의 관계는 이러합니까? 왜 그렇거나, 그렇지 못합니까?

사랑의 실제 (고린도전서 13)

그리스도인이 그리스도교 신앙에서 중요하게 생각하는 세 가지는 다음과 같다.

- 지식
- 영적인 선물
- 섬김

그러나 이 모든 것들은 사랑이 목적이 아니라면 아무런 의미를 가지지 못한다 (1-3 절)

사랑은

1. 오래 참음이다: 오랜 시간 동안 고통을 견딤이다. 다른 이들의 어려움일 지라도.

> 66 짧은 시간 안에 끝나는 관계라면, 이는 사랑이 아니라 프로젝트일 뿐이다. (p. 157, 제 6 장)

2. 친절함이다: 다른 사람들이 받기에 마땅하지 않은 모습을 보이더라도 그들에게 주는 것이다.
3. 시기하지 않고, 자랑하지 않고, 교만하지 않는다 – 이는 하나님이 되고자 하는 우리의 욕망이다.
   a. 질투로 인해 다른 무언가를 우상화 할 수 있다. 이는 우리의 진정한 하나님을 부정하며 다른 이들을 사랑하는 일을 멈추게 만든다. 예: 동생을 죽인 가인, 하가를 내쫓은 사라, 다윗을 쫓은 사울왕
   b. 자랑과 교만 – 사람은 상황이 좋아지면 교만에 빠져 하나님으로부터 등을 돌리게 될 수 있다. 이스라엘의 역사가 그 예이다.
4. 무례히 행동하지 않으며 자기 유익을 구하지 않는다
   a. 무례히 행동하지 않음은 다른 사람을 편안하게 해주기 위해, 그리고 관계를 성장시키기 위해 여러 행동을 하는 것을 의미한다
   b. 자기 유익을 구하지 않고, 다른 사람의 유익을 구하는 것이다
5. 쉽게 성내지 않고 원한을 품지 않는다
   a. 쉽게 성내지 않음 = 우리가 사랑하는 이들이 보이는 반응 때문에 성내지 않음이다.

        b. 잘잘못을 계산하지 (이성으로 판단하지) 않는다 – 과거의 잘못을 따지지 않으며, 그 사람에 대한 과거의 데이터를 가지고 현재를 판단하지 않음이다.
6. 불의를 기뻐하지 않고 진리와 함께 기뻐한다
        a. 선과 진리를 기쁘게 여긴다
        b. 죄나 불의에 기뻐하지 않는다
            i. 이 두가지를 위해선 지식이 필요하다 – 사랑의 이 부분을 수행하기 위해선 성경에 대한 성찰과 하나님과의 대화가 필요하다
7. 절대 포기하거나 믿음을 잃지 않으며, 모든 것을 소망하고, 모든 것을 견뎌낸다
        a. 항상 그 사람의 최선을 믿으며, 하나님께서 그 사람을 통해 위대한 일을 행하실 것을 믿는다. 하나님께서 그 사람에게 최선의 일을 하시리라 믿으며 우리가 다른 이들을 축복하는 이유가 이것이다
        b. 모든 것을 소망한다
        c. 모든 것을 오랫 동안 견뎌낸다 – 긴 시간이 필요함을 다시 말하고 있으며 *어떤 상황이 오더라도* 이러해야 한다

예언은 있다가도 없고, 방언도 있다가 그치지만, 사랑은 항상 있을 것이다 (고린도전서 13:8)
믿음, 소망, 사랑, 이 세가지는 항상 있겠지만, 그 중에 가장 위대한 것은 사랑이다(고린도전서 13:13)

그룹 토의.
1. 가장 어려운 사랑의 모습은 어떤 것이며 그 이유는 무엇입니까?
2. 다른 사람을 향하는 사랑에 관한 이 정의가 하나님에 대한 당신의 사랑에 어떤 영향을 미칩니까?

이번 장 복습.
1. 하나님께서 당신에게 나눈 부름은 무엇들이 있으며, 하나님께서 당신에게 계획한 것들에 관해, 행동과 믿음의 측면에서 어디에 서있습니까?
2. 당신은 오늘날 당신이 있는 곳에서 가장 높은 부르심을 수행하고 있습니까?
3. 당신이 개선하고 싶은 사랑의 측면에는 어떤 것이 있으며 누구를 향해 그렇게 하고 싶습니까?

제 7 장. 제자를 만들기 위해 먼저 제자가 되자
소모임의 실제

소모임에는 두가지 목적이 있다

1. 그리스도인의 제자도와 성장을 위해서이며, 이는 서로와의 풍성한 관계를 통해 일어난다.
2. 이러한 사랑의 관계 속으로 하나님에 관심이 생긴 이들을 초대하기 위함이다.

소모임의 기본적인 구조

1. 성장과 삶을 나누기 위한 개인의 헌신, 그리고 방문자들도 오게 하라
    a. 소모임은 삶을 나누는 것을 통해 성장하고 하나님과 가까워지고자 하는 개인적인 열망을 가진, 최소 3명 이상의 사람으로 시작되어야 한다.
    b. 그리스도인들이 모임을 자리잡은 이후에, 그들은 자신들과 비슷한 다른 그리스도인을 초대할 수 있으며, 더욱 나아가 아직 예수님을 믿지 않지만 그들과 비슷한 사람을 초대할 수 있다.
2. 근접성과 개인적인 만남
    a. **교회**는 자주 만나야 하며, 이는 근접성을 통해 이를 권장할 수 있다.
    b. 삶의 나눔이나 제자도에 부정적인 영향을 미칠 수 있는 현대의 키워드들에 주의하라
        i. 사생활 – 우리의 비밀은 자신만 간직해야 하며 삶의 나눔을 제한해야 한다.
        ii. 세계화 – 근접성의 필요를 최소화하고 가상으로 만나야 한다
    c. 팬데믹은 오늘날 우리가 만나는 방법에 영향을 미친다 – **교회**로써, 우리는 함께 삶을 나눌 수 있는 방안을 모색해야 한다
3. 삶의 방식과 추구하는 것들의 유사성
    a. 삶과 추구하는 것들을 나누기 위해
    b. 상황화와, 그들과 비슷한 사람들을 환영하기 위해
    c. 이 때문에 **교회**가 분열되는가? 아니다. 이는 관계를 더욱 강하게 만들며 모임이 원할 때에 서로 교제할 수 있도록 해준다.
4. 빈번하고 지속되는 만남
    a. 주간 만남

b. 바깥에서, 특별히 서로의 집, 직장 등의 장소에서 만나 서로의 삶에 다른 이들을 초대할 수 있도록 하라

각 모임의 결과

- 아무 것도: 하지만 구성원들은 이것이 괜찮다는 것을 안다. 원래의 계획했던 대로 하고 하나님께서 장기간에 걸쳐 결과를 보이시리라 믿으라.
- 무언가: 일반적으로 계획한 일들 이외에 무언가가 일어날 수 있는 여지를 마련하라. 예를 들어 모임 구성원중 누군가 그들 마음에 담고 있는 문제나 질문을 나누는 것을 통해 구성원들의 대화와 기도가 시작될 수 있다.
- 모든 것: 일반적으로 계획한 활동 중에서도, 하나님께서는 특정한 죄에 관한 막대한 두려움이나, 또는 구성원들이 함께 기도해야 하는 무언가를 꺼내실 수도 있다. 하나님께서는 돌파구, 치유, 그리고 기적을 일으키심으로 오랜 시간을 들여 삶에 변화를 가져오실 수 있다. 하나님께서는 새로운 지시나 마음을 우리에게 주실 수 있다.

소모임의 요소들 (Acts 2:42)

- 하나님의 말씀에 대한 배움/헌신
- 친교, 혹은 함께 서두름 없이 시간을 보냄
- 함께 먹음
- 기도

모임 장소

- 서두르지 않고 친교가 일어날 수 있는 장소여야 한다. 가정이나 사무실의 개일 공간과 같이 구성원의 삶을 나눌 수 있는 곳이라면 더 좋다.

강한 소모임의 특징

- 자기 주도적임
- 구성원들 간의 빈번한 소통
- 매일 성경읽기와 가장 좋아하는 구절을 나누는 일
- 모임을 섬기는 조정자 혹은 리다
- 작은 모임 크기 – 항상 8 명 이하로 유지할 것

- 다양함을 환영함 – 변화를 허용하고, 함께 나가서 근사한 식사도 즐겨보라
- 매주 만남
- 같은 성별
- 와서 볼 수 있는 장소 – 새로운 구성원을 환영하라

소모임 만남에서 다룰 수 있는 내용

- 기억하라, 내용이 주가 되는 것이 아니다! 사용할 수 있는 "예비" 자료에는:
    - 오늘의 양식(Our Daily Bread), 월요 만나(Monday Manna), 성경 통독과 나눔
    - 관심이 가는 주제 – 예를 들어, 부성애, 시장경제에서 그리스도를 보이는 것 등
- 사도행전 2:42 로 돌아가 여러가지 시도를 해보라. 기억하라, 이 네 가지 활동은 매 모임마다 있을 필요는 없다.

함께 먹으라! (먹는 사역)

- 이는 우리 모두 똑같다는 것을 보여준다. 목회자이던 아니던, 회사 중역이던 비서이던, 인종과 성별에 상관 없이. 우리는 하나님께 감사를 올리고 우리 모두 하는 일인, 식사를 하게 된다. 우리는 식사하며 우리의 인생을 나눌 수 있다.

능력 전도

- 그렇다. 상황에 따라 치유, 기적, 그리고 돌파구가 일어나도록 하라. 그러나 사랑의 관계라는 맥락 속에서 일어나야 한다. 오랜 시간 동안 제자도(관계)를 만들어 나가면서, 하나님께서 그분께 맡기라고 지시하실 때에는 그분의 말을 따르라.

소모임 만남의 적절한 길이

- 서두르지만 않으면 상관 없다. 끝나는 시간이 정해져 있지 않는 만남이 가장 잘 이뤄지는 것으로 보인다.

특별한 소모임 - 가족

- 아버지들은, 혹은 경우에 따라 어머니들은, 빈번한 소모임 만남을 가지며 가족을 이끌어야 한다.
    - 사랑의 공동체를 제공하며, 이 목표를 가르친다
    - 자녀는 그들의 부모를 본받아 성장할 수 있다

참석해야 하는 소모임의 수

- 하나, 그러나 주의도 필요하다. 당신이 삶을 나눌 수 있는 능력을 바탕으로 이 숫자를 결정해야 한다.

언제 소모임을 시작해야 하는가?

- 세명 혹은 그 이상의 그리스도인들이 함께 성장하고자 헌신할 때

언제 해산해야 하는가?

- 지속적으로 두 사람만 모임을 계속해 나갈 때. 친교를 이어나가기 위해 다른 소모임에 함께 참여하라.

언제, 그리고 어떻게 분할해야 하는가?

- 9명 이상의 사람이 지속적으로 모임에 참석할 때
- 원래 소모임과의 연락을 지속해 나가고, 때에 따라 공동 모임도 가질 수 있다

무엇이 소모임이 아닌가

- 열두 명 이상의 사람이 지속적으로 만나는 대중, 혹은 모임
- 예배
- 교육받은 (혹은 직책을 가진) 소수에 의해 설교가 이뤄지는 곳
- 원맨쇼
- 교회에서 운영적인 측면으로 만들어 졌을 때
- 항상 지역 교회와 연관되어 있음

어떻게 전도해야 하는가

- 제자를 만들라. 다른 사람들을 사랑으로 가득 찬 당신의 모임으로 초대하라.

소모임에서 목회자의 역할

- 여유를 만들라
- 대화를 환영하고 대화를 권장하라
- 그들의 돌봄 아래 있는 그리스도인들이 사역하도록 하라. 다시 말해, 성경을 나누고, 서로 기도하고, 필요로 하는 이들을 방문하고, 서로와 깊은 관계를 가지도록 하라.

모든 만남의 목표

- 우리의 삶과 추구하는 것들을 함께 예수님께 가져가는 것. 이는 삶을 나누는 것을 통해 일어난다.
    - 그분의 가장 높은 부르심을 수행하기 위해 그분께서 초자연적인 도우심을 주시리라 하나님을 믿으라

이번 장 복습.
1. 당신이 현재 모이는 소모임에서 바꿔야 될 것이 있다면 어떻게 바꿔야 된다고 생각합니까? 어떤 이유로 그렇게 바꾸는 것이 좋다고 생각합니까?
2. 서로에게 깊고, 개인적이며, 중요한 기도 부탁을 받기 위해 (얕고, 개인적이지 않은 요청이 아니라) 당신이 취해야 할 행동에는 어떤 것이 있습니까?

당신이 가지고 있는 소모임에 대한 경험 중 도움이 될만한 것이 있습니까? 질문이 있거나, 소모임의 성장에 관한 다른 사람들의 의견이 궁금하십니까?

아래 웹페이지에 당신의 질문을 남겨보세요. 또는 당신의 관점을 나누는 것으로 소모임의 성장을 지원해 주세요.

www.ourhighestcalling.com

Prayer Tents Media 에서 출판 된 다른 책들

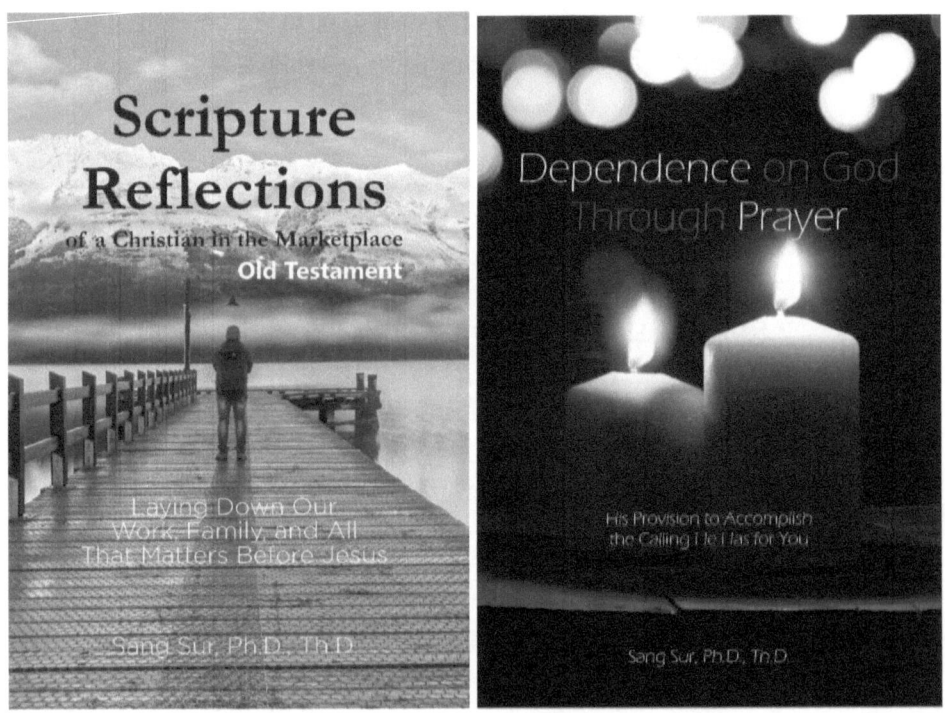

Find more at www.prayertents.com/store

www.ingramcontent.com/pod-product-compliance
Lightning Source LLC
Chambersburg PA
CBHW021452070526
44577CB00002B/368